Il cammino della Croce

Celebrazioni della Via Crucis

a cura di Gioacchino Cozzolino

Edizioni Santuario di Pompei

Illustrazioni

Copertina: *La Crocifissione detta "Colpo di lancia"*, di Pieter Paul Rubens. Musée Royal des Beaux-Arts, Anversa.

Primo schema: *Via Crucis*. Scuola Veneta - Sec. XVIII. Cattedrale di Padova.

Secondo schema: Gaudenzio Ferrari. *Parete Gaudenziana.* Sacro Monte di Varallo (VC).

Terzo schema: *Scuola Romana di Pittura di Via Margutta.* Chiesa parrocchiale di San Giacomo in Augusta, Roma.

Con approvazione ecclesiastica
Pompei 22 Gennaio 2009

Coordinamento redazionale:
Ciro Cozzolino, Pasquale Mocerino

Progetto grafico e videoimpaginazione:
Mario Curtis, Ettore Palermo

Stampa:
Industria Grafica Sannita - Morcone (BN)
Gennaio 2009

Presentazione

La *Via Crucis* è uno dei pii esercizi più amati dal popolo di Dio. Essa riconduce alle vicende ultime della vita di Gesù da quando, lasciato il Cenacolo, si avviò al monte degli Ulivi andando incontro alla crocifissione e alla morte.
La *Via Crucis* ha avuto un lungo processo di formazione nella sua articolazione. Alla sua forma attuale, con le quattordici stazioni, si giunse nella prima metà del sec. XVII, in Spagna. Successivamente arrivò in Italia. Qui trovò un convinto propagatore nel frate minore San Leonardo da Porto Maurizio († 1751), il quale eresse ben 572 *Via Crucis*.
Questo sussidio raccoglie - in un'unica pubblicazione - alcuni schemi utilizzati nel Santuario della Beata Vergine del Santo Rosario di Pompei per la preghiera e la devozione dei fedeli. La peculiarità della pubblicazione sta nel fatto che essa attinge a quel grande tesoro di fede e di amore che sono gli scritti del Beato Bartolo Longo. Molte delle preghiere utilizzate a conclusione delle singole stazioni appartengono a Lui.
Proprio il percorso spirituale del Beato Bartolo Longo possa condurre ciascuno nel cuore del mistero d'amore di Dio e a percepirne la ricchezza, in modo che ognuno possa dire come San Paolo "Ora io sono lieto nelle sofferenze che sopporto per voi e do compimento a ciò che, dei patimenti di Cristo, manca nella mia carne, a favore del suo corpo che è la Chiesa" (*Col* 1,24). È anche l'auspicio di questo lavoro.

L'Editore

Canto d'inizio: **Ti saluto o croce santa**

Rit.: Ti saluto, o Croce santa,
che portasti il Redentor;
gloria, lode, onor ti canta
ogni lingua ed ogni cuor.

Sei vessillo glorioso di Cristo,
sei salvezza del popol fedel.
Grondi sangue innocente sul tristo
che ti volle martirio crudel. *(Rit.)*

Tu nascesti fra braccia amorose
d'una Vergine Madre, o Gesù.
Tu moristi fra braccia pietose
d'una croce che data ti fu. *(Rit.)*

Preghiera iniziale

Pres.: Nel nome del Padre e del Figlio e dello Spirito Santo.
Tutti: **Amen.**

Pres.: Fratelli e sorelle, guardiamo da vicino il Crocifisso: è il Figlio di Dio che si annienta per obbedire al Padre e per salvarci. È lui che porta nelle

fibre della sua umanità il peso di ogni peccato. È nella sua croce la sorgente di ogni salvezza.
Vogliamo ricordarci, in questo cammino, che la passione che salva è una sola: quella di Cristo. La croce che salva è una sola: quella che porta Cristo. Accogliamo, dunque, l'invito a compiere la via dolorosa con Lui per completare ciò che manca alla sua passione nella nostra vita.

Pres.: **Preghiamo**
O cuore santissimo del mio Salvatore, dammi lo spirito interiore e la tenerezza del cuore per sperimentare e comprendere quello che tu soffristi, quando fosti angustiato e privato di ogni conforto. Fa' che possa ascoltare la tua voce. Illumina i miei occhi perché contemplino il tuo patire. Intenerisci il mio cuore, affinché divenga sensibile ai tuoi dolori ed eviti tutto ciò che possa rinnovarli. (*B. Longo*)
Tutti: **Amen.**

Santa Madre, deh, voi fate che le piaghe del Signore siano impresse nel mio cuore.

I Stazione

Gesù è condannato a morte

Pres.: **Ti adoriamo, o Cristo, e ti benediciamo.**
Tutti: **Perché con la tua santa croce hai redento il mondo.**

Dal Vangelo secondo Matteo *26, 3-4*
Allora i capi dei sacerdoti e gli anziani del popolo si riunirono nel palazzo del sommo sacerdote, che si chiamava Caifa e tennero consiglio per catturare Gesù con un inganno e farlo morire.

Invocazioni
La tua ingiusta condanna, o Gesù, ci faccia accogliere i semi di vita che hai sparso nel mondo, perché li facciamo crescere come anticipazione del tuo regno. Per questo diciamo.
Tutti: **Signore, pietà!**

Per la tua condanna donaci, Signore Gesù, di amare la tua volontà, perché lavoriamo per il tuo regno di amore, di giustizia e di pace. Per questo diciamo.
Tutti: **Signore, pietà!**

Pres.: **Preghiamo**
Misericordia, Signore Gesù, misericordia!
Io sono carico di peccati,

e Tu sei la stessa innocenza.
Con tutto ciò Tu ami
quelli che ti condannano ingiustamente
sino a morire per essi.
Io, invece, conservo sentimenti di asprezza
e animosità per le più piccole ingiurie.
Cambia il mio cuore, o divina Bontà!
Confesso davanti a Te
il mio orgoglio e la mia presunzione,
e desidero, o mio Salvatore,
imitarti per sempre. *(B. Longo)*
Tutti: **Amen.**

Stabat Mater dolorosa
iuxta crucem lacrimosa,
dum pendebat Filius.

La Madre addolorata
stava in lacrime presso la Croce
su cui pendeva il Figlio.

Santa Madre, deh, voi fate che le piaghe del Signore siano impresse nel mio cuore.

II Stazione

Gesù è caricato della Croce

Pres.: **Ti adoriamo, o Cristo, e ti benediciamo.**
Tutti: **Perché con la tua santa croce hai redento il mondo.**

Dal Vangelo secondo Matteo *16, 24*
Allora Gesù disse ai suoi discepoli: «Se qualcuno vuole venire dietro a me, rinneghi se stesso, prenda la sua croce e mi segua».

Invocazioni
Signore Gesù, che con la tua croce ci proponi di diventare uomini e donne di riconciliazione, fa' che rinasciamo nel tuo perdono per annunciare con gioia la tua misericordia. Per questo diciamo.
Tutti: **Signore, pietà!**

O Agnello mansueto che vedi lo scoraggiamento del nostro cuore, riempici del tuo coraggio per difendere ogni creatura. Per questo diciamo.
Tutti: **Signore, pietà!**

Pres.: **Preghiamo**
Io ti adoro, o Amore infinito;
ti adoro, o mio Gesù, principio della mia vita,
luce dell'anima, sorgente della mia salvezza,
tesoro che ardentemente bramo.
Imprimi nel mio cuore

il segno della tua croce perché,
guardando ad essa,
io sappia essere forte
nell'ora della tentazione. *(B. Longo)*
Tutti: **Amen.**

Cuius animam gementem,
contristatam et dolentem
pertransivit gladius.

E il suo animo gemente,
contristato e dolente
una spada trafiggeva.

Santa Madre, deh, voi fate che le piaghe del Signore siano impresse nel mio cuore.

III Stazione

Gesù cade la prima volta

Pres.: **Ti adoriamo, o Cristo, e ti benediciamo.**
Tutti: **Perché con la tua santa croce hai redento il mondo.**

Dal Vangelo secondo Giovanni *12, 24*
In verità, in verità io vi dico: se il chicco di grano, caduto in terra, non muore, rimane solo; se invece muore, produce molto frutto.

Invocazioni
Donaci Signore, il coraggio di esserti fedeli con tutto il cuore e con tutta l'anima, perché rivestiti della tua misericordia sappiamo perdonarci come tu fai con noi. Per questo diciamo.
Tutti: **Signore, pietà!**

Cambia Signore il nostro cuore, affinché sostenuti dalla croce di Cristo, sappiamo rispondere alla violenza con la forza dell'amore. Per questo diciamo.
Tutti: **Signore, pietà!**

Pres.: **Preghiamo**
O Gesù Signore e mio Salvatore,
su questa croce Tu porti
tutti i peccati del mondo.
Conducimi con Te,
affinché non perda mai di vista

né Te, né la tua croce.
Rendimi capace, Signore Gesù,
di seguirti e imitarti. *(B. Longo)*
Tutti: **Amen.**

O quam tristis et afflicta
fuit illa benedicta
Mater Unigeniti!

Oh, quanto triste e afflitta
fu la benedetta
Madre dell'Unigenito!

Santa Madre, deh, voi fate che le piaghe del Signore siano impresse nel mio cuore.

IV Stazione

Gesù incontra sua Madre

Pres.: **Ti adoriamo, o Cristo, e ti benediciamo.**
Tutti: **Perché con la tua santa croce hai redento il mondo.**

Dal Vangelo secondo Luca *2, 34a.35a.51b*
Simeone li benedisse e a Maria, sua madre, disse: «Ecco anche a te una spada trafiggerà l'anima». Sua madre custodiva tutte queste cose nel suo cuore.

Invocazioni
O Maria che hai seguito con il cuore addolorato il cammino del tuo Figlio, donaci di vivere le vicende della vita come te: credendo e amando. Per questo diciamo.
Tutti: **Madre, ascoltaci!**

O Maria, sposa dello Spirito, fa' che sappiamo discernere i continui inviti alla conversione che la croce del tuo Figlio ci rivolge. Per questo diciamo.
Tutti: **Madre, ascoltaci!**

Pres.: **Preghiamo**
O Madre addolorata,
io voglio aver parte al tuo grande dolore,
facendomi compagno della tua pena,
pregandoti di scolpirla nel mio cuore,

unendomi con più forte amore
col tuo prediletto Figlio.
Offrigli insieme col tuo Cuore
il mio cuore addolorato,
e digli quelle parole ineffabili di amore
che io non so dire. *(B. Longo)*
Tutti: **Amen.**

Quae moerebat et dolebat,
pia Mater, cum videbat
nati poenas incliti.

Come si rattristava e si doleva
la pia Madre
vedendo le pene dell'inclito Figlio!

Santa Madre, deh, voi fate che le piaghe del Signore siano impresse nel mio cuore.

V Stazione

Gesù è aiutato dal Cireneo a portare la Croce

Pres.: **Ti adoriamo, o Cristo, e ti benediciamo.**
Tutti: **Perché con la tua santa croce hai redento il mondo.**

Dal Vangelo secondo Matteo *27, 32*
Mentre uscivano, incontrarono un uomo di Cirene, chiamato Simone, e lo costrinsero a portare la sua croce.

Invocazioni
Misericordioso Gesù, donaci la grazia di denunciare il peccato, radice di ogni divisione, senza venir meno alla tenerezza che tu hai manifestato per chi sbaglia. Per questo diciamo.
Tutti: **Signore, pietà!**

Misericordioso Gesù, concedici di essere solidali con gli altri nel creare un'unica fraternità sotto lo sguardo del Padre. Per questo diciamo.
Tutti: **Signore, pietà!**

Pres.: **Preghiamo**
O Tesoro dei beni eterni,
che ti doni liberamente per me,
e desideri che io ti possegga
come mio proprio bene, vieni a me.
Ti abbraccio, oggi con la croce

e voglio anch'io, col Cireneo,
sollevarti un poco portando la tua croce,
e abbandonarmi completamente in te. *(B. Longo)*
Tutti: **Amen.**

Quis est homo, qui non fleret,
Christi Matrem si videret
in tanto supplicio?

Chi non piangerebbe
al vedere la Madre di Cristo
in tanto supplizio?

Santa Madre, deh, voi fate che le piaghe del Signore siano impresse nel mio cuore.

VI Stazione

La Veronica asciuga il volto di Gesù

Pres.: **Ti adoriamo, o Cristo, e ti benediciamo.**
Tutti: **Perché con la tua santa croce hai redento il mondo.**

Dal Salmo 102, *3a.5*
Non nascondermi il tuo volto nel giorno in cui sono nell'angoscia. Falciato come erba, inaridisce il mio cuore; dimentico di mangiare il mio pane.

Invocazioni
O Gesù, figlio dell'uomo, chiamato a ricevere da Dio potere e gloria, fa' che comprendiamo che il regno passa attraverso la via della croce, della pazienza e della umiliazione. Per questo diciamo.
Tutti: **Signore, pietà!**

O Gesù, figlio eterno del Padre, donaci luce e coraggio perché diventiamo capaci di amare i nostri fratelli così come Tu li hai amati: fino alla croce. Per questo diciamo.
Tutti: **Signore, pietà!**

Pres.: **Preghiamo**
O fortunata donna,
che hai compatito Gesù
caduto sotto la croce, prega per me.
Lo Spirito di Dio, che ha ispirato la tua carità,

sorregga la mia fede,
conforti la mia speranza,
accresca il mio amore
in Gesù mio salvatore. *(B. Longo)*
Tutti: **Amen.**

Pro peccatis suae gentis
vidit Jesum in tormentis
et flagellis subditum.

A causa dei peccati del suo popolo
Ella vide Gesù nei tormenti,
sottoposto ai flagelli.

Santa Madre, deh, voi fate che le piaghe del Signore siano impresse nel mio cuore.

VII Stazione

Gesù cade per la seconda volta

Pres.: **Ti adoriamo, o Cristo, e ti benediciamo.**
Tutti: **Perché con la tua santa croce hai redento il mondo.**

Dalla lettera agli Ebrei *4, 15*
Non abbiamo un sommo sacerdote che non sappia prendere parte alle nostre debolezze: egli stesso è stato messo alla prova in ogni cosa come noi, escluso il peccato.

Invocazioni
O Gesù, caduto di nuovo a terra sotto il peso della croce, è salvezza per noi la tua benevolenza: aiutaci ad accogliere il tuo perdono per restituirci la forza di combattere contro il male. Per questo diciamo.
Tutti: **Signore, pietà!**

O Gesù, è consolazione per noi la tua fiducia in ogni uomo: donaci di essere vicini a chi ha sbagliato, a chi è lontano da te, a chi offende la sua e altrui dignità di uomo. Per questo diciamo.
Tutti: **Signore, pietà!**

Pres.: **Preghiamo**
O Gesù Signore, o Salvatore mio,
su questa croce tu porti

tutti i peccati del mondo.
Conducimi con te, Signore.
Trascinami appresso a te,
affinché non perda mai di vista né te,
né la tua croce.
Io voglio seguirti e imitarti:
anch'io crocifisso con te, Signore. *(B. Longo)*
Tutti: **Amen.**

Quis non posset contristari,
piam Matrem contemplari
dolentem cum Filio?

Chi non si rattristerebbe
al contemplare la pia Madre
dolente accanto al Figlio?

Santa Madre, deh, voi fate che le piaghe del Signore siano impresse nel mio cuore.

VIII Stazione

Gesù incontra le donne di Gerusalemme che piangono su di lui

Pres.: **Ti adoriamo, o Cristo, e ti benediciamo.**
Tutti: **Perché con la tua santa croce hai redento il mondo.**

Dal Vangelo secondo Luca *23, 28b.31*
«Figlie di Gerusalemme, non piangete su di me, ma piangete su voi stesse e sui vostri figli. Perché, se si tratta così il legno verde, che avverrà del legno secco?».

Invocazioni
O Padre è gioia per noi il tuo perdono: aiutaci a gustare la grazia della riconciliazione come incontro con Gesù e con i fratelli. Per questo diciamo.
Tutti: **Signore, pietà!**

O Dio dell'alleanza è speranza per noi la tua festa per il figlio che sbaglia: donaci di essere segno vivo di te per i fratelli che percorrono strade di infelicità. Per questo diciamo.
Tutti: **Signore, pietà!**

Pres.: **Preghiamo**
Cambia, o mio Dio,
l'atteggiamento del mio cuore
e della mia mente.
Abbraccio con te la mia croce

crocifiggendo il corpo e l'anima,
il cuore e lo spirito,
perché si faccia la tua volontà e non la mia,
ora e sempre, in vita e in morte,
nel tempo e nell'eternità. *(B. Longo)*
Tutti: **Amen.**

Tui Nati vulnerati,
tam dignati pro me pati,
poenas mecum divide.

Del tuo figlio ferito
che si è degnato di patire per me,
dividi con me le pene.

Santa Madre, deh, voi fate che le piaghe del Signore siano impresse nel mio cuore.

IX Stazione

Gesù cade per la terza volta

Pres.: **Ti adoriamo, o Cristo, e ti benediciamo.**
Tutti: **Perché con la tua santa croce hai redento il mondo.**

Dal libro dei Numeri *11, 11a.14*
Mosè disse al Signore: «Non posso io da solo portare il peso di tutto questo popolo; è troppo pesante per me».

Invocazioni
Signore Gesù, liberaci dai nostri peccati, perché, conquistati dal tuo amore, ti riconosciamo come nostro Salvatore. Per questo diciamo.
Tutti: **Signore, pietà!**

Signore Gesù, rigenera le nostre energie perché sappiamo opporci alle forze del male che ci circondano. Per questo diciamo.
Tutti: **Signore, pietà!**

Pres.: **Preghiamo**
Intenerisci, o mio Dio,
la durezza del mio cuore,
affinché sia sensibile ai tuoi dolori,
all'amor tuo.
Non negarmi,o Signore,
ciò che ti domando,

perché non posso sentire i tuoi dolori,
se per tua misericordia
non me ne concedi
tu stesso il sentimento. *(B. Longo)*
Tutti: **Amen.**

Eia, Mater, fons amoris,
me sentire vim doloris
fac, ut tecum lugeam.

Oh, Madre, fonte d'amore,
fammi forza nel dolore
perché possa piangere con te.

Santa Madre, deh, voi fate che le piaghe del Signore siano impresse nel mio cuore.

X Stazione

Gesù è spogliato delle vesti

Pres.: **Ti adoriamo, o Cristo, e ti benediciamo.**
Tutti: **Perché con la tua santa croce hai redento il mondo.**

Dal Vangelo secondo Marco *15, 22.24*
Condussero Gesù al luogo del Gòlgota, che significa «Luogo del cranio». *Si divisero le sue vesti, tirando a sorte su di esse* ciò che ognuno avrebbe preso.

Invocazioni
O Gesù addolorato, donaci di vedere il tuo volto nei nostri fratelli sofferenti ed umiliati. Per questo diciamo.
Tutti: **Signore, pietà!**

O Gesù Messia di pace, fa' che, rinunciando ad ogni ricerca di potere, sappiamo essere segno di Te che sei venuto solo per servire. Per questo diciamo.
Tutti: **Signore, pietà!**

Pres.: **Preghiamo**
O Amore, che ti spogli di tutto,
muta questo mio cuore.
Rendilo simile al tuo:
povero e nudo,

distaccato dalle creature
e unito intimamente a te.
Crocifiggi con te il cuore mio
e consumami del tuo amore:
o mia speranza, o mio riposo,
o mia gioia. *(B. Longo)*
Tutti: **Amen.**

Fac, ut ardeat cor meum
in amando Christum Deum,
ut sibi complaceam.

Fa' che il mio cuore arda
nell'amare Cristo Dio
per fare cosa a lui gradita.

Santa Madre, deh, voi fate che le piaghe del Signore siano impresse nel mio cuore.

XI Stazione

Gesù è inchiodato sulla Croce

N.R.I.

Pres.: **Ti adoriamo, o Cristo, e ti benediciamo.**
Tutti: **Perché con la tua santa croce hai redento il mondo.**

Dal Vangelo secondo Luca *23, 33-34*
Quando giunsero sul luogo chiamato Cranio, vi crocifissero lui e i malfattori, uno a destra e l'altro a sinistra. Gesù diceva: «Padre, perdona loro perché non sanno quello che fanno».

Invocazioni
Signore Gesù, servo di Dio, hai lottato fino al trionfo definitivo della giustizia: fa' che tutti gli uomini si convincano che è possibile costruire un mondo di pace. Per questo diciamo.
Tutti: **Signore, pietà!**

Signore Gesù, testimone fedele di Dio, non ti sei arreso a chi ti condannava ingiustamente: fa' che i perseguitati per la fede trovino conforto in te. Per questo diciamo.
Tutti: **Signore, pietà!**

Pres.: **Preghiamo**
Ti adoro, o Figlio del Dio vivente,
così innalzato in croce,
esposto agli occhi dell'universo.

Mi prostro dinanzi a te.
Ti lodo e ti benedico.
Ti amo e ti ringrazio.
Ti riconosco Dio del mio cuore
e amore dell'anima mia. *(B. Longo)*
Tutti: **Amen.**

Sancta Mater, istud agas,
crucifixi fige plagas
cordi meo valide.

Santa Madre, fai questo:
imprimi le piaghe del tuo Figlio crocifisso
fortemente nel mio cuore.

Santa Madre, deh, voi fate che le piaghe del Signore siano impresse nel mio cuore.

XII Stazione

Gesù muore sulla Croce

I.N.R.I.

Pres.: **Ti adoriamo, o Cristo, e ti benediciamo.**
Tutti: **Perché con la tua santa croce hai redento il mondo.**

Dal Vangelo secondo Matteo *27, 45-46.50*
A mezzogiorno si fece buio su tutta la terra, fino alle tre del pomeriggio. Verso le tre, Gesù gridò a gran voce: «*Dio mio, Dio mio, perché mi hai abbandonato?*». Ma Gesù di nuovo gridò a gran voce ed emise lo spirito.

Invocazioni
Signore Gesù, vincitore della morte, fa' che comprendiamo che là dove è innalzata una croce, si compie anche la tua risurrezione. Per questo diciamo.
Tutti: **Signore, pietà!**

Signore Gesù, ogni giorno siamo chiamati ad affrontare il male che è in noi e attorno a noi: fa' che nessun condizionamento ci distolga dalla ricchezza che irradia dalla tua croce. Per questo diciamo.
Tutti: **Signore, pietà!**

Pres.: **Preghiamo**
Ecco, o eterno Padre, il tuo Figlio Gesù,
morto per le mie infedeltà.

Ti ringrazio per averlo dato a morte per me.
Concedimi, per amore di questo Figlio,
morto in croce, lo spirito di amore
e di mortificazione, lo spirito di sacrificio
e di abbandono alla tua volontà,
lo spirito di fedeltà per seguire per sempre
il tuo Figlio Gesù. *(B. Longo)*
Tutti: **Amen.**

Vidit suum dulcem natum
morientem desolatum,
dum emisit spiritum.

Vide il suo dolce Figlio
che moriva, abbandonato da tutti,
finché emise lo spirito.

Santa Madre, deh, voi fate che le piaghe del Signore siano impresse nel mio cuore.

XIII Stazione

Gesù è deposto dalla Croce e consegnato alla Madre

Pres.: **Ti adoriamo, o Cristo, e ti benediciamo.**
Tutti: **Perché con la tua santa croce hai redento il mondo.**

Dal Vangelo secondo Matteo *27, 57-58*
Venuta la sera, giunse un uomo ricco, di Arimatea, chiamato Giuseppe; anche lui era diventato discepolo di Gesù. Questi si presentò a Pilato e chiese il corpo di Gesù. Pilato allora ordinò che gli fosse consegnato.

Invocazioni
O silenziosa Madre, nel tuo dolore si consuma quello di tante madri: fa' che non manchi mai la solidarietà e il rispetto per chi è nel dolore. Per questo diciamo.
Tutti: **Madre, ascoltaci!**

O Madre addolorata, il tuo grembo verginale ha accolto Gesù morto per noi: donaci la grazia di nutrire pietà accogliente per chi soffre. Per questo diciamo.
Tutti: **Madre, ascoltaci!**

Pres.: **Preghiamo**
O Maria, o Madre
lasciatami dal morente Gesù,

compi ora il tuo compito di Madre:
presentami al tuo Figlio.
Riempimi del tuo amore
e dolore, e digli che l'amo
e gli chiedo perdono. *(B. Longo)*
Tutti: **Amen.**

Fac me vere tecum flere,
Crucifixo condolere
donec ego vixero.

Fammi piangere intensamente con te,
condividendo il dolore del Crocifisso,
finché io vivrò.

Santa Madre, deh, voi fate che le piaghe del Signore siano impresse nel mio cuore.

XIV Stazione

Gesù è deposto nel sepolcro

Pres.: **Ti adoriamo, o Cristo, e ti benediciamo.**
Tutti: **Perché con la tua santa croce hai redento il mondo.**

Dal Vangelo secondo Matteo *27, 59-60*
Giuseppe prese il corpo di Gesù, lo avvolse in un lenzuolo pulito e lo depose nel suo sepolcro nuovo, che si era fatto scavare nella roccia; rotolata poi una grande pietra all'entrata del sepolcro, se ne andò. Lì, sedute di fronte alla tomba, c'erano Maria di Màgdala e l'altra Maria.

Invocazioni
O Maria, Madre dell'attesa, insegnaci a credere nella parola del tuo Figlio Gesù: dalla morte nasce la vita. Per questo diciamo.
Tutti: **Madre, ascoltaci!**

O Maria, Vergine dello Spirito, fa' che viviamo sempre vigilanti nella preghiera, per essere capaci di vedere in ogni uomo il volto del tuo Figlio risorto. Per questo diciamo.
Tutti: **Madre, ascoltaci!**

Pres.: **Preghiamo**
O Maria, Madre dei dolori,
per la risurrezione del tuo Figlio,

fa' che io risorga dalla morte del peccato,
affinché io non perda il tesoro di grazia,
donatomi da Gesù. (*B. Longo*)
Tutti: **Amen.**

Quando corpus morietur,
fac ut animae donetur
paradisi gloria. Amen.

E quando il mio corpo morirà
fa' che all'anima sia data
la gloria del Paradiso. Amen.

Santa Madre, deh, voi fate che le piaghe del Signore siano impresse nel mio cuore.

Preghiera di conclusione

Pres.: **Il Signore sia con voi**
Tutti: **E con il tuo spirito.**

Pres.: **Preghiamo**
Signore Gesù, il ricordo della tua passione, morte e risurrezione, deve spingermi ad una perfetta conversione a Te. Fammi, dunque, la grazia di morire a me stesso per poi risorgere con Te e condurre una vita simile alla tua, una vita nuova. Opera in me, con il tuo Santo Spirito, questo cambiamento. Fammi passare dalla morte alla vita, dalle tenebre alla luce, da una vita imperfetta ad una degna di Te. Tu che vivi e regni nei secoli dei secoli.
Tutti: **Amen.**

Benedizione

Pres.: Vi benedica il Padre che ha tanto amato il mondo da dare il suo Figlio Unigenito, perché chi crede in Lui non muoia ma abbia la vita eterna.
Tutti: **Amen.**

Pres.: Vi benedica il Cristo, che si è fatto obbediente fino alla morte e alla morte di croce.
Tutti: **Amen.**

Pres.: Vi benedica lo Spirito Santo, che ha risuscitato Gesù Cristo dai morti e che ora abita in voi.
Tutti: **Amen.**

Pres.: E la benedizione di Dio onnipotente ✠ Padre e Figlio e Spirito Santo, discenda su di voi e con voi rimanga sempre.
Tutti: **Amen.**

Canto finale: **O Cristo, tu regnerai!**

Rit.: O Cristo, tu regnerai!
O Croce, tu ci salverai!

Cristo crocifisso
morendo ci riscattò.
La Croce benedetta
salvezza a noi portò. *(Rit.)*

Estendi sopra il mondo
il regno di santità:
o Croce, sei sorgente
di grazia e di bontà. *(Rit.)*

Nei nostri cuori infondi
un fuoco di carità:
tu, fonte del perdono,
rinnova l'umanità. *(Rit.)*

Canto d'inizio: **Ti saluto o croce santa**

Rit.: Ti saluto, o Croce santa,
che portasti il Redentor;
gloria, lode, onor ti canta
ogni lingua ed ogni cuor.

Sei vessillo glorioso di Cristo,
sei salvezza del popol fedel.
Grondi sangue innocente sul tristo
che ti volle martirio crudel. *(Rit.)*

Tu nascesti fra braccia amorose
d'una Vergine Madre, o Gesù.
Tu moristi fra braccia pietose
d'una croce che data ti fu. *(Rit.)*

Preghiera iniziale

Pres.: Nel nome del Padre e del Figlio e dello Spirito Santo.
Tutti: **Amen.**

Pres.: Fratelli e sorelle, il cammino della croce è, nella tradizione della Chiesa, momento di contemplazione e imitazione. Ci fa entrare nei misteri

della passione di Gesù, suscita la conversione del cuore, ci rende conformi a Cristo servo.
Vogliamo percorrere questo cammino doloroso nella consapevole disponibilità ad unire la nostra vita all'offerta riparatrice di Cristo al Padre, per la salvezza degli uomini.

Pres.: **Preghiamo**
O cuore santissimo del mio Salvatore, dammi lo spirito interiore e la tenerezza del cuore per sperimentare e comprendere quello che tu soffristi, quando fosti angustiato e privato di ogni conforto. Fa' che possa ascoltare la tua voce.
Illumina i miei occhi perché contemplino il tuo patire. Intenerisci il mio cuore, affinché divenga sensibile ai tuoi dolori ed eviti tutto ciò che possa rinnovarli. *(B. Longo)*
Tutti: **Amen.**

Santa Madre, deh, voi fate che le piaghe del Signore siano impresse nel mio cuore.

I Stazione

Gesù nell'orto degli ulivi

Pres.: **Ti adoriamo, o Cristo, e ti benediciamo.**
Tutti: **Perché con la tua santa croce hai redento il mondo.**

Dal Vangelo secondo Luca *22, 39-40*
Uscì e andò, come al solito, al monte degli Ulivi; anche i discepoli lo seguirono. Giunto sul luogo, disse loro: «Pregate, per non entrare in tentazione».

Invocazioni
O Padre, per la tua benevolenza la creazione continua e sorge il sole sui buoni e sui cattivi: liberaci dalla tentazione di allontanarci dalla tua volontà. Per questo diciamo.
Tutti: **Signore, pietà!**

O Padre, dalla tua santità fiorisce ogni bene negli uomini e nelle cose: rinnova, con il tuo Spirito, nei nostri cuori, la fedeltà alle promesse battesimali. Per questo diciamo.
Tutti: **Signore, pietà!**

Pres.: **Preghiamo**
O Cuore amareggiato del mio Dio,
Tu volesti con questa tristezza
e sudore di sangue,

espiare la folle sicurezza degli empi
e la insensata tranquillità
in cui i peccatori dormono nel loro peccato,
fa' che contemplando la dolcezza del tuo amore,
sappiamo rifiutare
tutto quello che ti possa offendere. (*B. Longo*)
Tutti: **Amen.**

Stabat Mater dolorosa
iuxta crucem lacrimosa,
dum pendebat Filius.

La Madre addolorata
stava in lacrime presso la Croce
su cui pendeva il Figlio.

Santa Madre, deh, voi fate che le piaghe del Signore siano impresse nel mio cuore.

II Stazione

Gesù, tradito da Giuda, è arrestato

Pres.: **Ti adoriamo, o Cristo, e ti benediciamo.**
Tutti: **Perché con la tua santa croce hai redento il mondo.**

Dal Vangelo secondo Luca *22, 47-48*
Mentre ancora egli parlava, ecco giungere una folla; colui che si chiamava Giuda, uno dei Dodici, li precedeva e si avvicinò a Gesù per baciarlo. Gesù gli disse: «Giuda, con un bacio tu tradisci il Figlio dell'uomo?».

Invocazioni
O Padre, fonte della luce, dell'intelligenza e della fede, fa' che lo spirito della menzogna non corrompa il nostro cuore, impedendoci di amare. Per questo diciamo.
Tutti: **Signore, pietà!**

O Padre, presente nel cuore di ogni uomo, metti a nudo la nostra falsità e i nostri tradimenti, perché, riconosciamo l'altissima vocazione di essere tuoi figli. Per questo diciamo.
Tutti: **Signore, pietà!**

Pres.: **Preghiamo**
O Gesù, mio Salvatore, Tu non sdegnasti
di appressare le tue labbra innocenti

e piene di verità e di vita al volto di Giuda.
Lo chiamasti col dolce nome di amico
e sento ora rivolte a me quelle teneri parole.
Abbi misericordia di me, o infinita Pazienza,
e fa' che dopo aver peccato contro di Te,
meriti di patire per Te. (*B. Longo*)
Tutti: **Amen.**

Cuius animam gementem,
contristatam et dolentem
pertransivit gladius.

E il suo animo gemente,
contristato e dolente
una spada trafiggeva.

Santa Madre, deh, voi fate che le piaghe del Signore siano impresse nel mio cuore.

III Stazione

Gesù è condannato dal Sinedrio

Pres.: **Ti adoriamo, o Cristo, e ti benediciamo.**
Tutti: **Perché con la tua santa croce hai redento il mondo.**

Dal Vangelo secondo Luca *22, 66-67a.70c.71a*
Appena fu giorno, si riunì il consiglio degli anziani del popolo, con i capi dei sacerdoti e gli scribi; lo condussero davanti al loro sinedrio e gli dissero: «Se tu sei il Cristo, dillo a noi».
Ed egli rispose loro: «Voi stessi dite che io lo sono». E quelli dissero: «Che bisogno abbiamo ancora di testimonianza?».

Invocazioni
O Dio, luce vera ai nostri passi è la tua Parola, gioia e pace ai nostri cuori: fa' che le nostre parole siano un'eco della tua. Per questo diciamo.
Tutti: **Signore, pietà!**

O Dio, la tua Parola libera e salva: fa' che nutrendoci di essa, allontaniamo dalla nostra vita la falsità e la menzogna. Per questo diciamo.
Tutti: **Signore, pietà!**

Pres.: **Preghiamo**
Ti contemplo, o mio Gesù,
sempre umile, sempre paziente;

ti fai condurre come agnello mansueto
dove la perfidia degli uomini ti tormenta.
Fa' che possa imparare da Te a tacere
quando sono accusato e calunniato. *(B. Longo)*
Tutti: **Amen.**

O quam tristis et afflicta
fuit illa benedicta
Mater Unigeniti!

Oh, quanto triste e afflitta
fu la benedetta
Madre dell'Unigenito!

Santa Madre, deh, voi fate che le piaghe del Signore siano impresse nel mio cuore.

IV Stazione

Gesù
è rinnegato
da Pietro

Pres.: **Ti adoriamo, o Cristo, e ti benediciamo.**
Tutti: **Perché con la tua santa croce hai redento il mondo.**

Dal Vangelo secondo Luca *22, 61-62*
Allora il Signore, si voltò e fissò lo sguardo su Pietro, e Pietro si ricordò della parola che il Signore gli aveva detto: «Prima che il gallo canti, oggi mi rinnegherai tre volte». E, uscito fuori, pianse amaramente.

Invocazioni
Signore Gesù il tuo cammino doloroso è una storia di sguardi, fa' che i nostri siano un riflesso del tuo amore senza limiti per l'umanità. Per questo diciamo.
Tutti: **Signore, pietà!**

Signore Gesù, che hai fissato Pietro con occhi compassionevoli, fa' che guardati da te, possiamo rinascere alla grazia. Per questo diciamo.
Tutti: **Signore, pietà!**

Pres.: **Preghiamo**
O Cuore amante del Padre mio,
quanto è grande l'amore che mi porti!
Accendi nel mio cuore

la fiamma della tua bontà
e fa' che compia in tutto
la tua santa volontà. *(B. Longo)*
Tutti: **Amen.**

Quae moerebat et dolebat,
pia Mater, cum videbat
nati poenas incliti.

Come si rattristava e si doleva
la pia Madre
vedendo le pene dell'inclito Figlio!.

Santa Madre, deh, voi fate che le piaghe del Signore siano impresse nel mio cuore.

V Stazione

Gesù è giudicato da Pilato

Pres.: **Ti adoriamo, o Cristo, e ti benediciamo.**
Tutti: **Perché con la tua santa croce hai redento il mondo.**

Dal Vangelo secondo Luca *23, 20-21.24.25c*
Pilato parlò loro di nuovo, perché voleva rimettere in libertà Gesù. Ma essi urlavano: «Crocifiggilo! Crocifiggilo!». Pilato allora decise che la loro richiesta venisse eseguita. [...] e consegnò Gesù al loro volere.

Invocazioni
Signore Gesù, la tua ingiusta condanna è segno della stoltezza dell'uomo, sostieni chi per te subisce persecuzione. Per questo diciamo.
Tutti: **Signore, pietà!**

Signore Gesù, sii propizio alle nostre invocazioni perché, da te sorretti sappiamo lottare a favore degli innocenti. Per questo diciamo.
Tutti: **Signore, pietà!**

Pres.: **Preghiamo**
O cuore infiammato di Gesù,
stampa nel mio cuore la tua croce
per sostegno nelle tentazioni,
brucialo del tuo ardente amore per amarti.

Infondimi nel cuore
la grazia di amarti e servirti (B. Longo)
Tutti: **Amen.**

Quis est homo, qui non fleret,
Christi Matrem si videret
in tanto supplicio?

Chi non piangerebbe
al vedere la Madre di Cristo
in tanto supplizio?

Santa Madre, deh, voi fate che le piaghe del Signore siano impresse nel mio cuore.

VI Stazione

Gesù è flagellato e coronato di spine

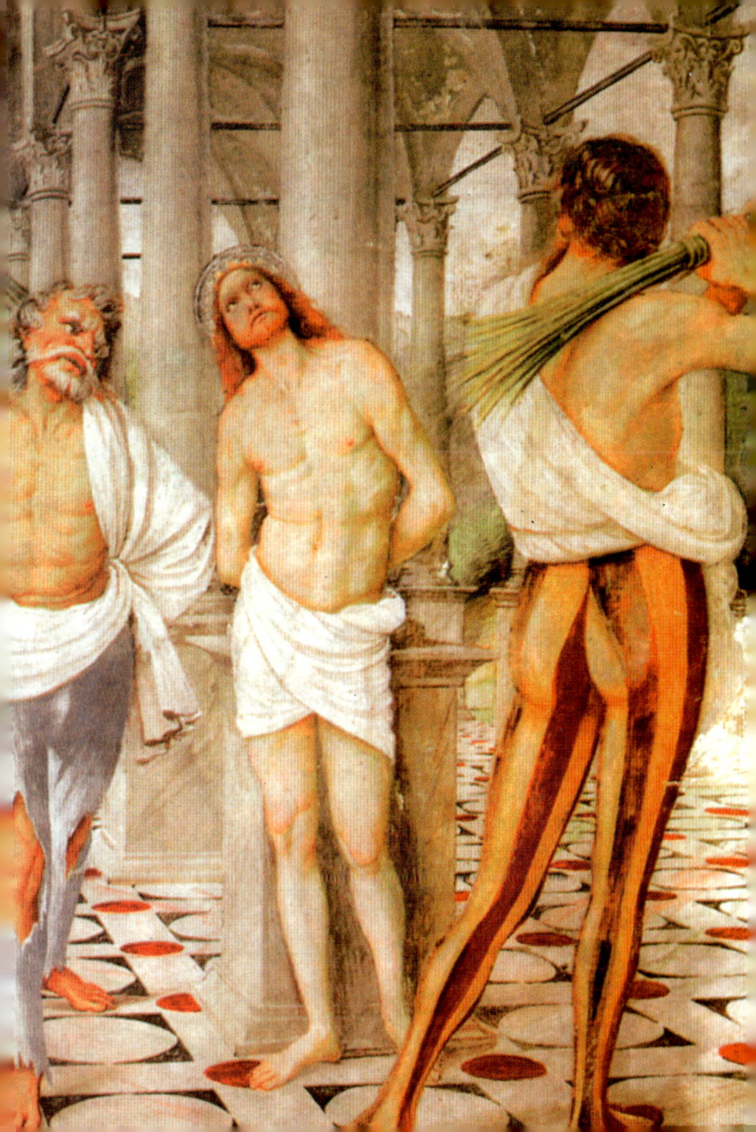

Pres.: **Ti adoriamo, o Cristo, e ti benediciamo.**
Tutti: **Perché con la tua santa croce hai redento il mondo.**

Dal Vangelo secondo Marco *15, 17-18*
[I soldati], lo vestirono di porpora, intrecciarono una corona di spine e gliela misero attorno al capo. Poi presero a salutarlo: «Salve, re dei Giudei!».

Invocazioni
O Padre, dolcezza di quanti confidano in te: donaci, nel tuo Spirito, il gusto del bene e fa' che, liberi e perseveranti nel tuo volere, obbediamo sempre al tuo Cristo. Per questo diciamo.
Tutti: **Signore, pietà!**

O Padre, fonte della misericordia: fa' che contemplando la passione del tuo Figlio, sappiamo gustare la dolcezza del tuo perdono. Per questo diciamo.
Tutti: **Signore, pietà!**

Pres.: **Preghiamo**
Ecco l'ora, o mio Gesù,
nella quale la tua carne innocente,
fu lacerata per me
e il tuo sangue sparso per la mia salvezza.

Sii sempre lodato, o mio Salvatore.
Donami la grazia di sentire vivamente
i tuoi dolori per odiare sempre
i miei peccati. *(B. Longo)*
Tutti: **Amen.**

Pro peccatis suae gentis
vidit Jesum in tormentis
et flagellis subditum.

A causa dei peccati del suo popolo
Ella vide Gesù nei tormenti,
sottoposto ai flagelli.

Santa Madre, deh, voi fate che le piaghe del Signore siano impresse nel mio cuore.

VII *Stazione*

Gesù è caricato della Croce

Pres.: **Ti adoriamo, o Cristo, e ti benediciamo.**
Tutti: **Perché con la tua santa croce hai redento il mondo.**

Dal Vangelo secondo Giovanni *19, 16-17*
Allora lo consegnò loro perché fosse crocifisso. I soldati presero Gesù ed egli, portando la croce, si avviò verso il luogo detto del Cranio, in ebraico Gòlgota.

Invocazioni
O Gesù, schiacciato dal peso della croce, purificaci dalle nostre colpe e guidaci alla libertà che ci hai conquistato. Per questo diciamo.
Tutti: **Signore, pietà!**

O Gesù, la tua croce è sostegno alla nostra debolezza: fa' che accogliamo con gioia i frutti della tua passione portando con te le nostre croci. Per questo diciamo.
Tutti: **Signore, pietà!**

Pres.: **Preghiamo**
Signore Gesù, voglio sempre tenerti
davanti ai miei occhi
e abbracciarti con questa croce,
che è la sposa di coloro

che ti amano: vieni a me,
o mio Salvatore, che ti amo
sfigurato come sei. *(B. Longo)*
Tutti: **Amen.**

Quis non posset contristari,
piam Matrem contemplari
dolentem cum Filio?

Chi non si rattristerebbe
al contemplare la pia Madre
dolente accanto al Figlio?

Santa Madre, deh, voi fate che le piaghe del Signore siano impresse nel mio cuore.

VIII Stazione

Gesù è aiutato dal Cireneo a portare la croce

Pres.: **Ti adoriamo, o Cristo, e ti benediciamo.**
Tutti: **Perché con la tua santa croce hai redento il mondo.**

Dal Vangelo secondo Luca *23, 26*
Mentre lo conducevano via, fermarono un certo Simone di Cirene, che tornava dai campi, e gli misero addosso la croce, da portare dietro a Gesù.

Invocazioni
O Gesù, che nel Cireneo hai voluto associare a te l'uomo nel condividere il peso della tua croce, concedici di non sentirci costretti nell'aiutarti a portarla. Per questo diciamo.
Tutti: **Signore, pietà!**

O Gesù, che hai voluto insegnarci ad accogliere la croce nella sua radicalità, fa' che impariamo ad amare i nostri fratelli condividendo le nostri croci. Per questo diciamo.
Tutti: **Signore, pietà!**

Pres.: **Preghiamo**
O croce santa, consacrata dai sudori
e dal sangue del mio Salvatore,
anch'io ti abbraccio.
In te si trova la salvezza.

Accoglimi tra le tue braccia,
e fa' che per mezzo tuo
io sia unito con Colui che sopra di te
mi ha salvato. *(B. Longo)*
Tutti: **Amen.**

Tui Nati vulnerati,
tam dignati pro me pati,
poenas mecum divide.

Del tuo figlio ferito
che si è degnato di patire per me,
dividi con me le pene.

Santa Madre, deh, voi fate che le piaghe del Signore siano impresse nel mio cuore.

IX Stazione

Gesù incontra le donne di Gerusalemme

Pres.: **Ti adoriamo, o Cristo, e ti benediciamo.**
Tutti: **Perché con la tua santa croce hai redento il mondo.**

Dal Vangelo secondo Luca *23, 27-28*
Lo seguiva una grande moltitudine di popolo e di donne, che si battevano il petto e facevano lamenti su di lui. Ma Gesù, voltandosi verso di loro disse: «Figlie di Gerusalemme, non piangete su di me, ma piangete su voi stesse e sui vostri figli».

Invocazioni
O Gesù, che hai incrociato lo sguardo delle Figlie di Gerusalemme, fa' che impariamo a dare giusto valore alle nostre croci quotidiane. Per questo diciamo.
Tutti: **Signore, pietà!**

O Gesù, la visione del tuo volto sfigurato ci aiuti a rientrare in noi stessi e a piangere i nostri peccati. Per questo diciamo.
Tutti: **Signore, pietà!**

Pres.: **Preghiamo**
O fuoco che sempre ardi nel Cuore di Gesù,
né mai ti consumi,
quanto ammirabili sono le invenzioni

della tua carità;
imprimi nel mio cuore la tua croce,
per sostegno nelle tentazioni
e donami la grazia
di amarti e servirti. *(B. Longo)*
Tutti: **Amen.**

Eia, Mater, fons amoris,
me sentire vim doloris
fac, ut tecum lugeam.

Oh, Madre, fonte d'amore,
fammi forza nel dolore
perché possa piangere con te.

Santa Madre, deh, voi fate che le piaghe del Signore siano impresse nel mio cuore.

X Stazione

Gesù è crocifisso

ENATVS + POPVLVS

Pres.: **Ti adoriamo, o Cristo, e ti benediciamo.**
Tutti: **Perché con la tua santa croce hai redento il mondo.**

Dal Vangelo secondo Luca *23, 33*
Quando giunsero sul luogo chiamato Cranio, vi crocifissero lui e i malfattori, uno a destra e l'altro a sinistra.

Invocazioni
O croce di Cristo, continuamente posta sui calvari creati dalla cattiveria dell'uomo: fa' che comprendiamo la stoltezza del nostro peccato. Per questo diciamo.
Tutti: **Signore, pietà!**

O croce di Cristo, sostegno sicuro alla nostra debolezza: fa' che vediamo nelle nostre croci un mezzo per ricambiare il tuo amore. Per questo diciamo.
Tutti: **Signore, pietà!**

Pres.: **Preghiamo**
Eccoti, o mio Gesù, innalzato sulla croce,
culmine della tua sofferenza.
Quale amore! Quale misericordia!
Fa', o Signore,

che i miei occhi
diventino due fonti di continue lacrime,
il mio cuore
una fornace di ardente amore
e comunicami i sentimenti
delle tue pene. *(B. Longo)*
Tutti: **Amen.**

Fac, ut ardeat cor meum
in amando Christum Deum,
ut sibi complaceam.

Fa' che il mio cuore arda
nell'amare Cristo Dio
per fare cosa a lui gradita.

Santa Madre, deh, voi fate che le piaghe del Signore siano impresse nel mio cuore.

XI Stazione

Gesù promette il suo regno al buon ladrone

Pres.: **Ti adoriamo, o Cristo, e ti benediciamo.**
Tutti: **Perché con la tua santa croce hai redento il mondo.**

Dal Vangelo secondo Luca *23, 39-40a.42*
Uno dei malfattori appesi alla croce lo insultava: «Non sei tu il Cristo? Salva te stesso e noi!». L'altro invece lo rimproverava dicendo: «Non hai alcun timore di Dio?». E disse: «Gesù, ricordati di me quando entrerai nel tuo regno».

Invocazioni
O Gesù, che nel regno promesso al ladrone ci hai dato la misura del tuo amore per i peccatori, donaci la grazia di capire che nessuno è escluso dal tuo amore. Per questo diciamo.
Tutti: **Gesù, ricordati di noi!**

O Gesù, le vie del tuo amore misericordioso sono infinite: facci comprendere che non è il peccato ad allontanarci da te, ma la chiusura al tuo amore. Per questo diciamo.
Tutti: **Gesù, ricordati di noi!**

Pres.: **Preghiamo**
Il buon ladrone crocifisso al tuo lato,
o mio Gesù, è il pegno della nostra miseria

e della tua misericordia.
Griderò anch'io con Lui:
«Signore ricordati di me
quando entrerai nel tuo regno».
E il mio cuore anela di venire a Te
e possederti, o Dio del mio cuore,
o Salvatore mio. *(B. Longo)*
Tutti: **Amen.**

Sancta Mater, istud agas,
Crucifixi fige plagas,
cordi meo valide.

Ti prego, Madre santa:
siano impresse nel mio cuore
le piaghe del tuo Figlio.

Santa Madre, deh, voi fate che le piaghe del Signore siano impresse nel mio cuore.

XII Stazione

Gesù in Croce, la Madre e il discepolo

Pres.: **Ti adoriamo, o Cristo, e ti benediciamo.**
Tutti: **Perché con la tua santa croce hai redento il mondo.**

Dal Vangelo secondo Giovanni *19, 26-27*
Gesù allora, vedendo la madre e accanto a lei il discepolo che egli amava, disse alla madre: «Donna, ecco tuo figlio!». Poi disse al discepolo: «Ecco tua madre». E da quell'ora il discepolo l'accolse con sé.

Invocazioni
O Maria, che hai accolto in Giovanni la Chiesa intera: fa' che essa sia sempre luogo di accoglienza e di conforto. Per questo diciamo.
Tutti: **Madre, ascoltaci!**

O Maria, che sempre accompagni la Chiesa nella fedeltà al tuo Figlio: fa' che essa non smetta mai di annunciare la stoltezza della croce. Per questo diciamo.
Tutti: **Madre, ascoltaci!**

Pres.: **Preghiamo**
Eccomi ai tuoi piedi, o Madre desolata:
con i miei peccati ho crocifisso il tuo Figlio.
Voglio tornare al suo Cuore:

presentami tu ed accompagnami,
o Madre mia, finché non avrò donato
tutto me stesso per te e per lui. *(B. Longo)*
Tutti: **Amen.**

Vidit suum dulcem natum
morientem desolatum,
dum emisit spiritum.

Vide il suo dolce Figlio
che moriva, abbandonato da tutti,
finché emise lo spirito.

Santa Madre, deh, voi fate che le piaghe del Signore siano impresse nel mio cuore.

XIII Stazione

Gesù muore sulla Croce

I·N·R·I

Pres.: **Ti adoriamo, o Cristo, e ti benediciamo.**
Tutti: **Perché con la tua santa croce hai redento il mondo.**

Dal Vangelo secondo Luca *23, 44-46*
Era già verso mezzogiorno e si fece buio su tutta la terra fino alle tre del pomeriggio, perché il sole si era eclissato. Il velo del tempio si squarciò a metà. Gesù, gridando a gran voce, disse: «Padre, *nelle tue mani consegno il mio spirito*». Detto questo, spirò.

Invocazioni
O Gesù, che nel sangue sparso sulla croce hai riconciliato in te tutte le cose, accogli la nostra riconoscenza e la nostra supplica. Per questo diciamo.
Tutti: **Signore, pietà!**

O Gesù, il tuo grido innocente è il compimento definitivo della volontà del Padre, accogli l'invocazione per il dolore innocente che sale dall'umanità intera. Per questo diciamo.
Tutti: **Signore, pietà!**

Pres.: **Preghiamo**
Sì, mio Dio, tutto è compiuto:
il dono e il perdono.

Fammi ricco della tua grazia,
e concedimi
di non allontanarmi mai da te,
o mio Dio, mio liberatore,
mia unica speranza. *(B. Longo)*
Tutti: **Amen.**

Fac me vere tecum flere,
Crucifixo condolere
donec ego vixero.

Fammi piangere intensamente con te,
condividendo il dolore del Crocifisso,
finché io vivrò.

Santa Madre, deh, voi fate che le piaghe del Signore siano impresse nel mio cuore.

XIV Stazione

Gesù è deposto nel sepolcro

Pres.: **Ti adoriamo, o Cristo, e ti benediciamo.**
Tutti: **Perché con la tua santa croce hai redento il mondo.**

Dal Vangelo secondo Luca *23, 50a.51b.52.53a*
Ed ecco, vi era un uomo di nome Giuseppe. Era di Arimatea e aspettava il regno di Dio. Egli si presentò a Pilato e chiese il corpo di Gesù. Lo depose dalla croce, lo avvolse con un lenzuolo e lo mise in un sepolcro scavato nella roccia.

Invocazioni
O Vergine Madre, che accanto al sepolcro ci indichi l'alba del nuovo giorno, fa' che non smarriamo mai la meta del nostro camminare. Per questo diciamo.
Tutti: **Madre, ascoltaci!**

O Vergine Madre, che mostri il tuo Figlio quale segno luminoso del giorno senza tramonto, fa' che nella nostra vita non venga mai meno la speranza del regno. Per questo diciamo.
Tutti: **Madre, ascoltaci!**

Pres.: **Preghiamo**
Eccomi ai tuoi piedi, o Madre desolata:
con i miei peccati ho crocifisso il tuo Figlio.

Voglio tornare al suo Cuore:
presentami tu ed accompagnami,
o Madre mia, finché non avrò donato
tutto me stesso per te e per lui. *(B. Longo)*
Tutti: **Amen.**

Quando corpus morietur,
fac ut animae donetur
paradisi gloria. Amen.

E quando il mio corpo morirà
fa' che all'anima sia data
la gloria del Paradiso. Amen.

Santa Madre, deh, voi fate che le piaghe del Signore siano impresse nel mio cuore.

Preghiera di conclusione

Pres.: **Il Signore sia con voi**
Tutti: **E con il tuo spirito.**

Pres.: **Preghiamo**
Signore Gesù, il ricordo della tua passione, morte e risurrezione, deve spingermi ad una perfetta conversione a Te. Fammi, dunque, la grazia di morire a me stesso per poi risorgere con Te e condurre una vita simile alla tua, una vita nuova. Opera in me, con il tuo Santo Spirito, questo cambiamento. Fammi passare dalla morte alla vita, dalle tenebre alla luce, da una vita imperfetta ad una degna di Te. Tu che vivi e regni nei secoli dei secoli.
Tutti: **Amen.**

Benedizione

Pres.: Vi benedica il Padre che ha tanto amato il mondo da dare il suo Figlio Unigenito, perché chi crede in Lui non muoia ma abbia la vita eterna.
Tutti: **Amen.**

Pres.: Vi benedica il Cristo, che si è fatto obbediente fino alla morte e alla morte di croce.
Tutti: **Amen.**

Pres.: Vi benedica lo Spirito Santo, che ha risuscitato Gesù Cristo dai morti e che ora abita in voi.
Tutti: **Amen.**

Pres.: E la benedizione di Dio onnipotente ✠ Padre e Figlio e Spirito Santo, discenda su di voi e con voi rimanga sempre.
Tutti: **Amen.**

Canto finale: **O Cristo, tu regnerai!**

Rit.: O Cristo, tu regnerai!
O Croce, tu ci salverai!

Cristo crocifisso
morendo ci riscattò.
La Croce benedetta
salvezza a noi portò. *(Rit.)*

Estendi sopra il mondo
il regno di santità:
o Croce, sei sorgente
di grazia e di bontà. *(Rit.)*

Nei nostri cuori infondi
un fuoco di carità:
tu, fonte del perdono,
rinnova l'umanità. *(Rit.)*

Canto d'inizio: **Ti saluto o croce santa**

Rit.: Ti saluto, o Croce santa,
che portasti il Redentor;
gloria, lode, onor ti canta
ogni lingua ed ogni cuor.

Sei vessillo glorioso di Cristo,
sei salvezza del popol fedel.
Grondi sangue innocente sul tristo
che ti volle martirio crudel. *(Rit.)*

Tu nascesti fra braccia amorose
d'una Vergine Madre, o Gesù.
Tu moristi fra braccia pietose
d'una croce che data ti fu. *(Rit.)*

Preghiera iniziale

Pres.: Nel nome del Padre e del Figlio e dello Spirito Santo.
Tutti: **Amen.**

Pres.: Fratelli e sorelle, il cammino della croce è, nella tradizione della Chiesa, momento di contemplazione e imitazione. Ci fa entrare nei misteri della passione di Gesù, suscita la conversione del cuore, ci rende conformi a Cristo servo. Vogliamo percorrere questo cammino doloroso nella consapevole disponibilità ad unire la nostra vita all'offerta riparatrice di Cristo al Padre, per la salvezza gli uomini.

Pres.: **Preghiamo**
O Dio, nostro Padre e creatore, tu hai preso parte alle sofferenze del tuo Unigenito, lasciando che il tuo cuore soffrisse insieme a quello del tuo Figlio, messo a morte per noi. Fa' che, ascoltando la tua voce, provi dolore per i miei peccati e il mio cuore si intenerisca nel seguire il percorso doloroso di Gesù con la certezza di partecipare un giorno alla sua gloriosa risurrezione.
Tutti: **Amen.**

Santa Madre, deh, voi fate che le piaghe del Signore siano impresse nel mio cuore.

I Stazione

Gesù è condannato a morte

Pres.: **Ti adoriamo, o Cristo, e ti benediciamo.**
Tutti: **Perché con la tua santa croce hai redento il mondo.**

Dal Vangelo secondo Giovanni *19,13-15*
Pilato fece condurre fuori Gesù e sedette in tribunale, nel luogo chiamato Litòstroto, in ebraico Gabbatà. Era la Parasceve della Pasqua, verso mezzogiorno. Pilato disse ai Giudei: «Ecco il vostro re!». Ma quelli gridarono: «Via! Via! Crocifiggilo!».

Riflessione
Pilato era convinto, in cuor suo, dell'innocenza di Gesù, il Nazareno, consegnato a lui dal sinedrio solo per motivi religiosi e per invidia. Ma, per vile timore, rifiuta di rendergli giustizia. Anche noi, come Pilato, temiamo più il giudizio degli uomini che quello di Dio. Così Gesù viene continuamente condannato ogni qual volta che, agendo come Pilato, lasciamo che si generano condizioni di ingiustizia e di offesa alla verità.

Invocazioni
Signore Gesù, hai preso su di te il nostro rifiuto, la nostra paura della verità: usaci misericordia e rendici liberi dal lavarci le mani di fronte all'innocente. Per questo diciamo.
Tutti: **Signore, pietà!**

Signore Gesù, donaci la libertà dai legami del cuore per poterti incontrare; la libertà dai condizionamenti umani per poterti scoprire; la libertà dai compromessi per poter rispondere al tuo amore. Per questo diciamo.
Tutti: **Signore, pietà!**

Pres.: **Preghiamo**
O mio Dio, tutto questo hai subito per i nostri peccati. Cosa farò io per te, o mio Salvatore?
Resterò strettamente abbracciato ai tuoi piedi, finché tu non mi abbia purificato con il tuo sangue prezioso. *(B. Longo)*
Tutti: **Amen.**

Stabat Mater dolorosa
iuxta crucem lacrimosa,
dum pendebat Filius.

La Madre addolorata
stava in lacrime presso la Croce
su cui pendeva il Figlio.

Santa Madre, deh, voi fate che le piaghe del Signore siano impresse nel mio cuore.

II Stazione

Gesù è caricato della Croce

Pres.: **Ti adoriamo, o Cristo, e ti benediciamo.**
Tutti: **Perché con la tua santa croce hai redento il mondo.**

Dal Vangelo secondo Luca *9, 23-24*
Poi, a tutti, diceva: «Se qualcuno vuole venire dietro a me, rinneghi se stesso, prenda la sua croce ogni giorno e mi segua. Chi vuole salvare la propria vita, la perderà, ma chi perderà la propria vita per causa mia, la salverà».

Riflessione
Quando Gesù annunzia il Regno, mette l'uomo di fronte ad una scelta che sconvolge la nostra esistenza: rinnegare se stessi e prendere la croce. Ogni logica umana viene così capovolta. Prende la croce chi assume fino in fondo il peso gravoso delle situazioni reali della vita, non scarica sugli altri le proprie responsabilità, ma si impegna per il servizio di Dio e per il bene degli altri fino al dono su-premo di sé. Rifiuta la croce, invece, chi subordina il bene comune all'utile personale, preferisce la vendetta al perdono, la divisione alla riconciliazione.

Invocazioni
Perché, mediante la tua croce, sappiamo scoprire l'amore per l'uomo, la compassione di fronte

ad ogni sofferenza, l'indignazione di fronte ad ogni violenza. Per questo diciamo.
Tutti: **Signore, pietà!**

Perché sappiamo riconoscere che la tua croce ci invita a pentirci davanti a Dio e a saperci perdonare reciprocamente. Per questo diciamo.
Tutti: **Signore, pietà!**

Pres.: **Preghiamo**
Signore, ti sei lasciato deridere e oltraggiare. Aiutaci a non unirci a coloro che deridono chi soffre e chi è debole. Aiutaci a riconoscere in coloro che sono umiliati ed emarginati il tuo volto. *(J. Ratzinger)*
Tutti: **Amen.**

Cuius animam gementem,
contristatam et dolentem
pertransivit gladius.

E il suo animo gemente,
contristato e dolente
una spada trafiggeva.

Santa Madre, deh, voi fate che le piaghe del Signore siano impresse nel mio cuore.

III Stazione

Gesù cade la prima volta

Pres.: **Ti adoriamo, o Cristo, e ti benediciamo.**
Tutti: **Perché con la tua santa croce hai redento il mondo.**

Dal Salmo 38 *5.7a.8.9a.11a.12.23*
Le mie colpe hanno superato il mio capo, sono un carico per me troppo pesante. Sono tutto curvo e accasciato. Sono tutti infiammati i miei fianchi, nella mia carne non c'è più nulla di sano. Sfinito e avvilito all'estremo. Palpita il mio cuore, le forze mi abbandonano. I miei amici e i miei compagni si scostano dalle mie piaghe, i miei vicini stanno a distanza. Vieni presto in mio aiuto, Signore.

Riflessione
Cadere vuol dire sprofondare nei propri limiti e nella propria incapacità a risolvere ogni problema da soli. Bisogna accettare le cadute con spirito di umiltà, fiduciosi che la forza di Dio soccorre la nostra debolezza. Cristo che cade ci porge la sua mano per risorgere con Lui.

Invocazioni
Perché sappiamo accogliere e riconoscere nelle nostre croci quotidiane l'appello del Padre. Per questo diciamo.
Tutti: **Signore, pietà!**

Perché sappiamo superare le nostre cadute con la fiducia che la forza di Dio soccorre le nostre debolezze. Per questo diciamo.
Tutti: **Signore, pietà!**

Pres.: **Preghiamo**
Il peccato, o Signore, è rifiutare la comunione con Te; è disgregare il popolo che Tu hai convocato; è offesa a Te e perciò vera e radicale alienazione dell'uomo. Sostienici con la forza del Tuo Spirito e aiutaci a non soccombere nelle nostre cadute. *(Rinnovamento della Catechesi)*
Tutti: **Amen.**

O quam tristis et afflicta
fuit illa benedicta
Mater Unigeniti!

Oh, quanto triste e afflitta
fu la benedetta
Madre dell'Unigenito!

Santa Madre, deh, voi fate che le piaghe del Signore siano impresse nel mio cuore.

IV Stazione

Gesù incontra sua Madre

Pres.: **Ti adoriamo, o Cristo, e ti benediciamo.**
Tutti: **Perché con la tua santa croce hai redento il mondo.**

Dal libro del profeta Isaia *7, 13-14*
Allora Isaia disse: «Ascoltate, casa di Davide! Non vi basta stancare gli uomini, perché ora vogliate stancare anche il mio Dio? Pertanto il Signore stesso vi darà un segno. Ecco la vergine concepirà e partorirà un figlio, che chiamerà Emmanuele».

Riflessione
Maria, che mediante la fede ha generato il Verbo e mediante l'obbedienza ha accolto in sé, nutrito e custodito l'opera dello Spirito di Dio, continuerà ad esercitare la sua maternità nei confronti dei discepoli di tutti i tempi. Lei è figura della Chiesa madre, la Chiesa credente ed obbediente, la Chiesa dei santi.

Invocazioni
O Maria, preziosa eredità lasciataci da Gesù, sii accanto alle nostre croci quotidiane e a quelle dei nostri fratelli e porta conforto e speranza di salvezza per tutti. Per questo diciamo.
Tutti: **O Madre dolorosa, ascoltaci!**

O Maria, tu sei Madre per aver detto sì al compiersi della volontà di Dio, insegnaci che ciò che conta è l'obbedienza fedele a Lui, al di sopra di ogni affetto e di ogni rapporto umano. Per questo diciamo.

Tutti: **O Madre dolorosa, ascoltaci!**

Pres.: **Preghiamo**

O Vergine Madre sulla via del Calvario incontri Gesù, carico della croce. Lo incontri e comprendi: con lui condividi la passione per la salvezza dell'uomo. Insegnaci, o Vergine, a riconoscere il volto del tuo Figlio nel volto dell'uomo oppresso, a camminare accanto a lui, finché il suo volto si illumini di speranza. (*Hans Urs von Balthasar*)

Tutti: **Amen.**

Quae moerebat et dolebat,
pia Mater, cum videbat
nati poenas incliti.

Come si rattristava e si doleva
la pia Madre
vedendo le pene dell'inclito Figlio!

Santa Madre, deh, voi fate che le piaghe del Signore siano impresse nel mio cuore.

V Stazione

Gesù è aiutato dal Cireneo a portare la Croce

Pres.: **Ti adoriamo, o Cristo, e ti benediciamo.**
Tutti: **Perché con la tua santa croce hai redento il mondo.**

Dal Vangelo secondo Matteo *11, 29; 25,40*
«Prendete il mio giogo sopra di voi e imparate da me, che sono mite e umile di cuore, e troverete ristoro per la vostra vita». «In verità io vi dico: tutto quello che avete fatto a uno solo di questi miei fratelli più piccoli, l'avete fatto a me».

Riflessione
Simone, pur nella costrizione, condivide con Gesù il carico della croce. Egli è l'esempio di quel bisogno di condivisione che dovrebbe esistere tra gli uomini. Il Cireneo non lo si è per forza, ma soltanto per amore e per vocazione: bisogna accettare che le proprie spalle portino la croce degli altri. E ogni giorno, sulle nostre strade, qualcuno attende che lo si aiuti a portare la croce.

Invocazioni
Perché comprendiamo che ciascuno deve cercare e riconoscere, giorno per giorno, la via lungo la quale tu ti fai personalmente incontro. Per questo diciamo.
Tutti: **Signore, pietà!**

Perché riconosciamo che la vita nuova del cristiano è un cammino al tuo seguito, non da soli, ma in compagnia di molti fratelli. Per questo diciamo.
Tutti: **Signore, pietà!**

Pres.: **Preghiamo**
Signore Gesù Cristo, mi hai indicato tu stesso una via per giungere a una fede concreta, che contraddistingua tutta la mia vita. È la via dell'amore del prossimo che si manifesta attivo e pronto all'aiuto, nella vita di ogni giorno. Su questa via io incontro te, ignoto e sconosciuto. Guidami, o luce della vita, per questo sentiero. *(K. Rahner)*
Tutti: **Amen.**

Quis est homo, qui non fleret,
Christi Matrem si videret
in tanto supplicio?

Chi non piangerebbe
al vedere la Madre di Cristo
in tanto supplizio?

Santa Madre, deh, voi fate che le piaghe del Signore siano impresse nel mio cuore.

VI Stazione

La Veronica asciuga il volto di Gesù

SPQR

Pres.: **Ti adoriamo, o Cristo, e ti benediciamo.**
Tutti: **Perché con la tua santa croce hai redento il mondo.**

Dal libro del profeta Isaia *53, 2b-3*
Non ha apparenza né bellezza per attirare i nostri sguardi, non splendore per poterci piacere. Disprezzato e reietto dagli uomini, uomo dei dolori che ben conosce il patire, come uno davanti al quale ci si copre la faccia; era disprezzato e non ne avevamo alcuna stima.

Riflessione
Il volto che rimane impresso sul panno della donna è stravolto dal dolore e dalle sofferenze. È come uno dei tanti volti che ci passano accanto ogni giorno. Essi sono il Cristo flagellato, deriso, sofferente, insultato. Ma noi non riconosciamo in essi il volto del Crocifisso.

Invocazioni
O Gesù, Figlio eterno del Padre, fa' che scopriamo il tuo volto in quello dei nostri fratelli più poveri ed abbandonati. Per questo diciamo.
Tutti: **Signore, pietà!**

O Gesù, Figlio dell'Uomo, che hai ricevuto da Dio

potere e gloria, fa' che comprendiamo che la conquista del regno passa attraverso la via della croce, della pazienza e dell'umiliazione. Per questo diciamo.
Tutti: **Signore, pietà!**

Pres.: **Preghiamo**
Spesso non comprendiamo, Signore, che sul volto dei poveri, degli umili, degli ultimi, è impressa la tua immagine. Non riconosciamo Te che hai voluto farti "volto di nessuno" perché ogni uomo fosse rispettato in quanto uomo. Aiutaci, Signore, a saperti riconoscere in ogni volto.
Tutti: **Amen.**

Pro peccatis suae gentis
vidit Jesum in tormentis
et flagellis subditum.

A causa dei peccati del suo popolo
Ella vide Gesù nei tormenti,
sottoposto ai flagelli.

Santa Madre, deh, voi fate che le piaghe del Signore siano impresse nel mio cuore.

VII Stazione

Gesù cade per la seconda volta

Pres.: **Ti adoriamo, o Cristo, e ti benediciamo.**
Tutti: **Perché con la tua santa croce hai redento il mondo.**

Dal libro del profeta Isaia *53, 5-6*
Egli è stato trafitto per le nostre colpe, schiacciato per le nostre iniquità. Il castigo che ci dà salvezza si è abbattuto su di lui; per le sue piaghe noi siamo stati guariti. Noi tutti eravamo sperduti come un gregge, ognuno di noi seguiva la sua strada; il Signore fece ricadere su di lui l'iniquità di noi tutti.

Riflessione
Gesù cade la seconda volta. Gli hanno tolto la croce, ma egli cade ugualmente. La prima caduta è quella della fragilità. La seconda è la caduta della solitudine. Caduto a terra Gesù è vicino a chi, per abbandono o per indifferenza, è costretto a soffrire da solo; a chi sperimenta, sul lavoro, un ingiustizia impastata col proprio pane; a chi subisce, perché debole. Se Gesù cade è per solidarietà con tutti coloro che soffrendo, dubitano di Dio.

Invocazioni
O Gesù, tu sei il Messia: il tuo trono è la croce e come stile di vita proponi ai tuoi discepoli la pa-

zienza, il servizio e la dedizione totale di sé. Per questo diciamo.
Tutti: **Signore, pietà!**

O Gesù, tu sei l'Agnello di Dio che toglie i peccati del mondo: non solo sopporti il peso di questa iniquità, ma prendendolo su di Te, liberi da questo carico l'umanità smarrita. Per questo diciamo.
Tutti: **Signore, pietà!**

Pres.: **Preghiamo**
Mi sei davvero vicino, Signore. Sei legato alla mia povertà, continui la mia povertà in ognuno. Oggi hai sete, domani fame, poi sarai malato, nudo, prigioniero, senza casa, senza patria... Soffri come me, Signore, soffri con me. *(P. Mazzolari)*
Tutti: **Amen.**

Quis non posset contristari,
piam Matrem contemplari
dolentem cum Filio?

Chi non si rattristerebbe
al contemplare la pia Madre
dolente accanto al Figlio?

Santa Madre, deh, voi fate che le piaghe del Signore siano impresse nel mio cuore.

VIII Stazione

Gesù incontra le donne di Gerusalemme che piangono su di lui

Pres.: **Ti adoriamo, o Cristo, e ti benediciamo.**
Tutti: **Perché con la tua santa croce hai redento il mondo.**

Dal libro delle Lamentazioni *2,18-19*
Grida dal tuo cuore al Signore, gemi figlia di Sion; fa' scorrere come torrente le tue lacrime, (...) alza verso di lui le mani, per la vita dei tuoi bambini, che muoiono di fame all'angolo di ogni strada.

Riflessione
Al calvario non si va da soli, ma creando legami di solidarietà, facendo proprio il dolore del prossimo. Gesù invita le donne a non piangere per Lui, ma per coloro che peccano. Non un pianto di compassione, ma di invocazione della misericordia di Dio per la pochezza degli uomini. E Dio non disprezzerà le lacrime dei suoi figli.

Invocazioni
Signore Gesù in te crediamo che Dio non ha limiti nel suo amore per noi peccatori: tu sei il Misericordioso. Per questo diciamo.
Tutti: **Signore, pietà!**

Signore Gesù da te ascoltiamo l'invito a non pec-

care più e a comportarci secondo la tua parola: tu sei il Fedele. Per questo diciamo.
Tutti: **Signore, pietà!**

Pres.: **Preghiamo**
O Dio fonte di ogni bontà, non negare la tua misericordia a chi te la domanda. Spezza, per il tuo infinito amore, la durezza del cuore delle tue creature. Concedi loro il dono del pianto: lacrime sui propri peccati, rugiada che renda i loro cuori fecondi di opere di santità e di giustizia.
Tutti: **Amen.**

Tui Nati vulnerati,
tam dignati pro me pati,
poenas mecum divide.

Del tuo figlio ferito
che si è degnato di patire per me,
dividi con me le pene.

Santa Madre, deh, voi fate che le piaghe del Signore siano impresse nel mio cuore.

IX Stazione

Gesù cade per la terza volta

Pres.: **Ti adoriamo, o Cristo, e ti benediciamo.**
Tutti: **Perché con la tua santa croce hai redento il mondo.**

Dal libro delle Lamentazioni *1, 14*
S'è aggravato il giogo delle mie colpe, dalla sua mano sono annodate. Sono cresciute fin sul mio collo e hanno fiaccato la mia forza. Il Signore mi ha messo nelle loro mani, non posso alzarmi.

Riflessione
Gesù sperimenta, per la terza volta, l'umiliazione della sconfitta, ma offre la sua esperienza dolorosa al Padre per la salvezza degli uomini. Egli accetta tutto, non come fatalità, ma liberamente, come sacrificio di amore per tutti. È il volto della misericordia di Dio che si affianca alla debolezza dell'uomo, per non lasciarlo solo.

Invocazioni
Signore Gesù, tu sei l'uomo dei dolori, Colui che, obbedendo alla volontà del Padre, non si è sottratto alla tortura e alla violenza. Per questo diciamo.
Tutti: **Signore, pietà!**

Signore Gesù, tu sei nostro fratello, in tutto parte-

cipe della nostra condizione umana, da te vissuta in povertà ed umiltà. Per questo diciamo.
Tutti: **Signore, pietà!**

Pres.: **Preghiamo**
Signore, mio Dio, unica mia speranza, fa' che la stanchezza non mi impedisca di cercarti, ma cerchi sempre con ardore il tuo volto. Di fronte a Te la tua fedeltà e la mia debolezza: conserva la prima, ma sana l'altra; di fronte a Te la tua sapienza e la mia ignoranza: Tu che mi hai aperto, accoglimi e aprimi la porta quando busso. *(S. Agostino)*
Tutti: **Amen.**

Eia, Mater, fons amoris,
me sentire vim doloris
fac, ut tecum lugeam.

Oh, Madre, fonte d'amore,
fammi forza nel dolore
perché possa piangere con te.

Santa Madre, deh, voi fate che le piaghe del Signore siano impresse nel mio cuore.

X Stazione

Gesù è spogliato delle vesti

Pres.: **Ti adoriamo, o Cristo, e ti benediciamo.**
Tutti: **Perché con la tua santa croce hai redento il mondo.**

Dal Vangelo secondo Giovanni *19, 23*
I soldati poi, quando ebbero crocifisso Gesù, presero le sue vesti, ne fecero quattro parti - una per ciascun soldato - e la tunica. Ma quella tunica era senza cuciture, tessuta tutta d'un pezzo da cima a fondo.

Riflessione
Ascolto le grida, osservo con qual rabbia lo sciolgono e gli strappano di dosso la veste che era attaccata alle piaghe e come un'altra volta gli si rinnovano tutti i dolori.
Io ti vedo, o Signore, spogliato di tutto: delle vesti, della compagnia dei familiari e degli amici, delle dolcezze della Madre tua, della tua reputazione, del tuo onore. *(B. Longo)*

Invocazioni
Signore Gesù, aumenta la nostra fede se, di fronte al male che dilaga nel mondo, siamo tentati di chiuderci in noi stessi e di non operare il bene. Per questo diciamo.
Tutti: **Signore, pietà!**

Signore Gesù, aumenta la nostra fede se le sconfitte, le delusioni che incontriamo, le cadute ci vorrebbero spingere a desistere dal cammino intrapreso verso una nuova vita più conforme al Vangelo. Per questo diciamo.
Tutti: **Signore, pietà!**

Pres.: **Preghiamo**
O Amore che ti spogli di tutto. O Amore che trasformi tutto, muta questo mio cuore, fallo simile al tuo, povero e nudo di tutto, distaccato dalle creature ed unito intimamente a te. Crocifiggi con te il cuore mio, e consumami del tuo amore, o mia speranza, o mio riposo, o mia gioia. *(B. Longo)*
Tutti: **Amen.**

Fac, ut ardeat cor meum
in amando Christum Deum,
ut sibi complaceam.

Fa' che il mio cuore arda
nell'amare Cristo Dio
per fare cosa a lui gradita.

Santa Madre, deh, voi fate che le piaghe del Signore siano impresse nel mio cuore.

XI Stazione

Gesù è inchiodato alla Croce

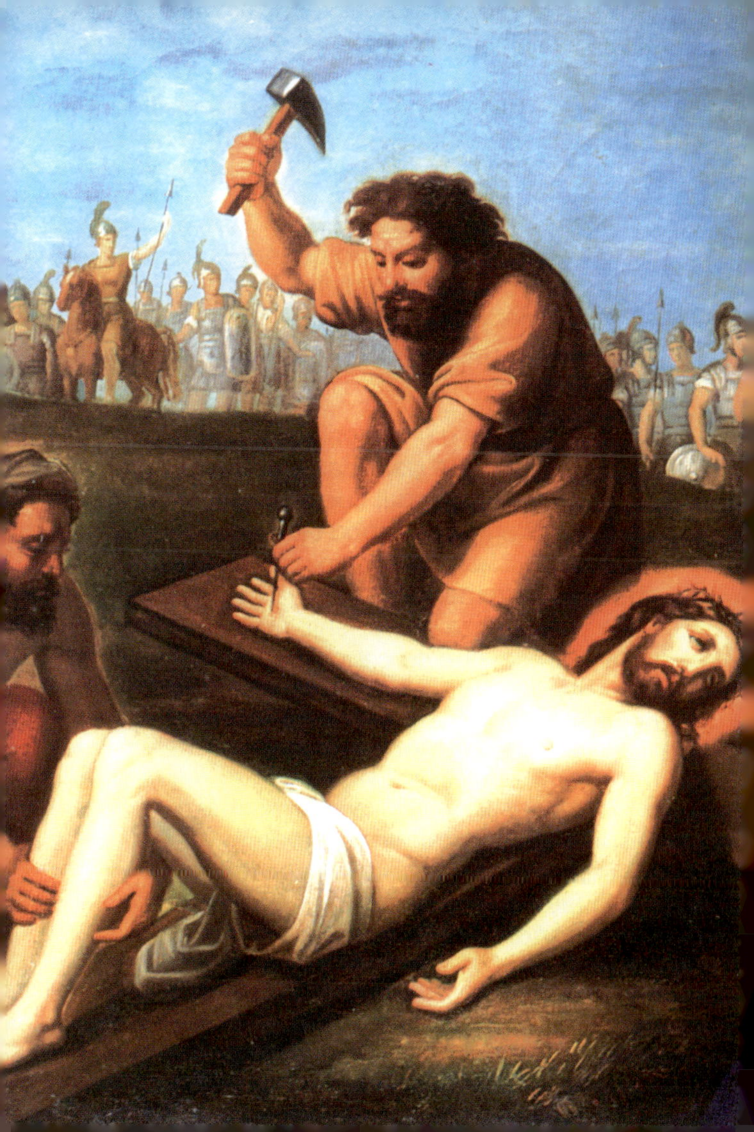

Pres.: **Ti adoriamo, o Cristo, e ti benediciamo.**
Tutti: **Perché con la tua santa croce hai redento il mondo.**

Dal Vangelo secondo Marco *15, 25-27*
Erano le nove del mattino quando lo crocifissero. La scritta con il motivo della sua condanna diceva: «Il re dei Giudei». Con lui crocifissero anche due ladroni, uno a destra e uno alla sua sinistra.

Riflessione
La crocifissione è una storia di mani. Una storia di povere mani, che denudano, inchiodano, giocano a dadi, spaccano il cuore. Prima di giudicare, però, pensiamoci. Ci sono dentro anche le nostre mani. Mani che contano volentieri il denaro, mani che legano le mani agli umili, mani che applaudono le prepotenze dei violenti, mani che spogliano i poveri, mani che cercano invano di lavare le proprie viltà, mani che scrivono contro la verità, mani che trapassano i cuori. *(P. Mazzolari)*

Invocazioni
Signore Gesù, la tua croce ci restituisce la libertà, la speranza, il coraggio per ripercorrere il tuo stesso cammino: aiutaci ad accoglierla con amore. Per questo diciamo.
Tutti: **Signore, pietà!**

Signore Gesù, la tua croce è l'inizio della tua presenza definitiva accanto all'uomo peccatore: fa' che riconosciamo sempre in essa il prezzo dell'amore di Dio. Per questo diciamo.
Tutti: **Signore, pietà!**

Pres.: **Preghiamo**
Io ti vedo, o mio Gesù, con quale mansuetudine e sottomissione ti stendi su questo letto di dolore, dal quale alzi gli occhi al cielo per aprircene le porte. Tu sei sacerdote che ci riconcilia e vittima della nostra riconciliazione.
Io ti supplico, o mio Gesù: imprimi nel mio cuore ciò che Tu senti nel tuo corpo perché possa allontanarmi dal mio peccato. *(B. Longo)*
Tutti: **Amen.**

Sancta Mater, istud agas,
crucifixi fige plagas
cordi meo valide.

Santa Madre, fai questo:
imprimi le piaghe del tuo Figlio crocifisso
fortemente nel mio cuore.

Santa Madre, deh, voi fate che le piaghe del Signore siano impresse nel mio cuore.

XII Stazione

Gesù muore sulla Croce

INRI

Pres.: **Ti adoriamo, o Cristo, e ti benediciamo.**
Tutti: **Perché con la tua santa croce hai redento il mondo.**

Dal Vangelo secondo Luca *23, 44a-45b-46*
Era già verso mezzogiorno e si fece buio su tutta la terra fino alle tre del pomeriggio. Il velo del tempio si squarciò nel mezzo. Gesù, gridando a gran voce, disse: «Padre, nelle tue mani consegno il mio spirito». Detto questo spirò.

Riflessione
Crocifissi come te, o Signore. Ma Tu, dall'alto della tua croce, invochi perdono: noi, dalla nostra croce, odiamo. Tu doni il paradiso a un ladrone, noi togliamo il pane anche all'orfano. Tu, sulla croce sei nudo, sei l'uomo, noi, siamo obbligati a portare la maschera dell'uomo forte, dell'uomo grande, dell'uomo implacabile... fin sulla croce. Signore, toglici questa maschera, lascia che ci mostriamo come siamo, per avere almeno pietà gli uni degli altri. *(P. Mazzolari)*

Invocazioni
Signore Gesù, la tua morte ci libera dalla disperazione e dal fatalismo davanti al dolore nostro e degli altri: fa' che sappiamo accettare la croce e com-

battere il male che è in noi. Per questo diciamo.
Tutti: **Signore, pietà!**

Signore Gesù, la tua morte, liberamente accolta, è suprema adesione alla drammaticità della vita e dello scontro tra il bene e il male, tra la verità e la menzogna: aiutaci a non soccombere di fronte al male. Per questo diciamo.
Tutti: **Signore, pietà!**

Pres.: **Preghiamo**
O mio amato Gesù, nel grido del tuo abbandono al Padre dici a noi tutto ciò che non è possibile dire in parole umane: il tuo amore eterno supera ogni parola. Effondi il tuo Spirito su di noi perché dalla ricchezza del tuo amore possiamo saziare la nostra sete di Te.
Tutti: **Amen.**

Vidit suum dulcem natum
morientem desolatum,
dum emisit spiritum.

Vide il suo dolce Figlio
che moriva, abbandonato da tutti,
finché emise lo spirito

Santa Madre, deh, voi fate che le piaghe del Signore siano impresse nel mio cuore.

XIII Stazione

Gesù è deposto dalla Croce e consegnato alla Madre

Pres.: **Ti adoriamo, o Cristo, e ti benediciamo.**
Tutti: **Perché con la tua santa croce hai redento il mondo.**

Dal Vangelo secondo Giovanni *19, 38-39a.40*
Giuseppe d'Arimatea, che era discepolo di Gesù, ma di nascosto, per timore dei Giudei, chiese a Pilato di prendere il corpo di Gesù. Pilato lo concesse. Allora egli andò e prese il corpo di Gesù. Vi andò anche Nicodemo. Essi presero allora il corpo di Gesù, e lo avvolsero con teli, insieme ad aromi, come usano fare i Giudei per preparare la sepoltura.

Riflessione
Di fronte alla morte tutto si placa. Cessa la lotta, hanno termine i contrasti. Siamo di fronte al mistero. Ogni morte lascia un interrogativo senza risposta, in attesa della rivelazione della luce che squarcia le tenebre del mistero della vita. La passione di Cristo dovrà essere portata a termine da ogni generazione che avrà i suoi martiri il cui sangue continuerà ad invocare dal cielo la venuta del Regno di Dio. Maria piange su di loro come su Gesù. Dio Padre ascolterà la supplica della Madre del Figlio suo.

Invocazioni
O Vergine Madre, nel tuo silenzio si raccoglie il gemito dell'universo: insegnaci ad essere segno

della tua compassione, pietà che comprende e perdona. Per questo diciamo.
Tutti: **Madre, ascoltaci!**

O Vergine della croce, sul tuo grembo verginale riposa il corpo del Figlio: insegnaci, Madre, la pietà pura, che si china sul dolore dell'uomo. Per questo diciamo.
Tutti: **Madre, ascoltaci!**

Pres.: **Preghiamo**
O Santa Maria, Vergine della croce, presso l'albero della vita tu sei l'umanità obbediente e fedele, docile alla parola, forte nella sequela, aperta allo Spirito. Svelaci, Madre, il mistero dell'«Ora» di tuo Figlio: della gloria nell'ignominia, della regalità nel servizio, della nostra vita nella sua morte. *(Hans Urs von Balthasar)*
Tutti: **Amen.**

Fac me vere tecum flere,
Crucifixo condolere
donec ego vixero.

Fammi piangere intensamente con te,
condividendo il dolore del Crocifisso,
finohó io vivrò.

Santa Madre, deh, voi fate che le piaghe del Signore siano impresse nel mio cuore.

XIV Stazione

Gesù è deposto nel sepolcro

Pres.: **Ti adoriamo, o Cristo, e ti benediciamo.**
Tutti: **Perché con la tua santa croce hai redento il mondo.**

Dal Vangelo secondo Giovanni *19, 41-42; 20, 1*
Nel luogo dove era stato crocifisso, vi era un giardino e nel giardino un sepolcro nuovo, nel quale nessuno era stato ancora posto. Là dunque, posero Gesù. Il primo giorno della settimana, Maria di Magdala si recò al sepolcro di mattino e vide che la pietra era stata tolta dal sepolcro.

Riflessione
Il senso della morte è spiegato dal senso della vita. Vivere vuol dire realizzare una missione, impegnarsi a dare al proprio esistere un senso valido per tutta l'eternità. Tutti quelli che sono morti per amore, come Gesù, tramandano la pienezza della vita che reclama la risurrezione. E Cristo è la primizia dei risorti.

Invocazioni
O Maria, prima dei risorti, aiutaci a credere che, nella risurrezione di Gesù, è contenuto il compimento della speranza, il dono della vita che non avrà più fine. Per questo diciamo.
Tutti: **Madre, ascoltaci!**

O Maria, donna della nuova umanità, fa' che comprendiamo che la risurrezione di Gesù ci introduce nel mistero di Dio, rendendoci capaci di amarlo ed invocarlo come Padre. Per questo diciamo.
Tutti: **Madre, ascoltaci!**

Pres.: **Preghiamo**
O Vergine dello Spirito, icona della Chiesa, implora per noi la tua fede nella Parola, la tua speranza nel Regno, il tuo amore per Dio e per l'uomo.
A te, gloriosa Madre di Dio, beata per la fede, donna della pietà immensa, la nostra lode perenne e grata. (*I. Calabuig*)
Tutti: **Amen.**

Quando corpus morietur,
fac ut animae donetur
paradisi gloria. Amen.

E quando il mio corpo morirà
fa' che all'anima sia data
la gloria del Paradiso. Amen.

Santa Madre, deh, voi fate che le piaghe del Signore siano impresse nel mio cuore.

Preghiera di conclusione

Pres.: **Il Signore sia con voi**
Tutti: **E con il tuo spirito.**

Pres.: **Preghiamo**
Signore Gesù, il ricordo della tua passione, morte e risurrezione, deve spingermi ad una perfetta conversione a Te. Fammi, dunque, la grazia di morire a me stesso per poi risorgere con Te e condurre una vita simile alla tua, una vita nuova. Opera in me, con il tuo Santo Spirito, questo cambiamento. Fammi passare dalla morte alla vita, dalle tenebre alla luce, da una vita imperfetta ad una degna di Te. Tu che vivi e regni nei secoli dei secoli.
Tutti: **Amen.**

Benedizione

Pres.: Vi benedica il Padre che ha tanto amato il mondo da dare il suo Figlio Unigenito, perché chi crede in Lui non muoia ma abbia la vita eterna.
Tutti: **Amen.**

Pres.: Vi benedica il Cristo, che si è fatto obbediente fino alla morte e alla morte di croce.
Tutti: **Amen.**

Pres.: Vi benedica lo Spirito Santo, che ha risuscitato Gesù Cristo dai morti e che ora abita in voi.
Tutti: **Amen.**

Pres.: E la benedizione di Dio onnipotente ✠ Padre e Figlio e Spirito Santo, discenda su di voi e con voi rimanga sempre.
Tutti: **Amen.**

Canto finale: **O Cristo, tu regnerai!**

Rit.: O Cristo, tu regnerai!
O Croce, tu ci salverai!

Cristo crocifisso
morendo ci riscattò.
La Croce benedetta
salvezza a noi portò. *(Rit.)*

Estendi sopra il mondo
il regno di santità:
o Croce, sei sorgente
di grazia e di bontà. *(Rit.)*

Nei nostri cuori infondi
un fuoco di carità:
tu, fonte del perdono,
rinnova l'umanità. *(Rit.)*

INDICE